Mes LECTURES et moi

Océane Jarrier-Martin

Mes LECTURES et moi

N° ....

Commencé le : ....

Fini le : ....

« Ce n'est pas juste un livre. »

Ce carnet appartient à

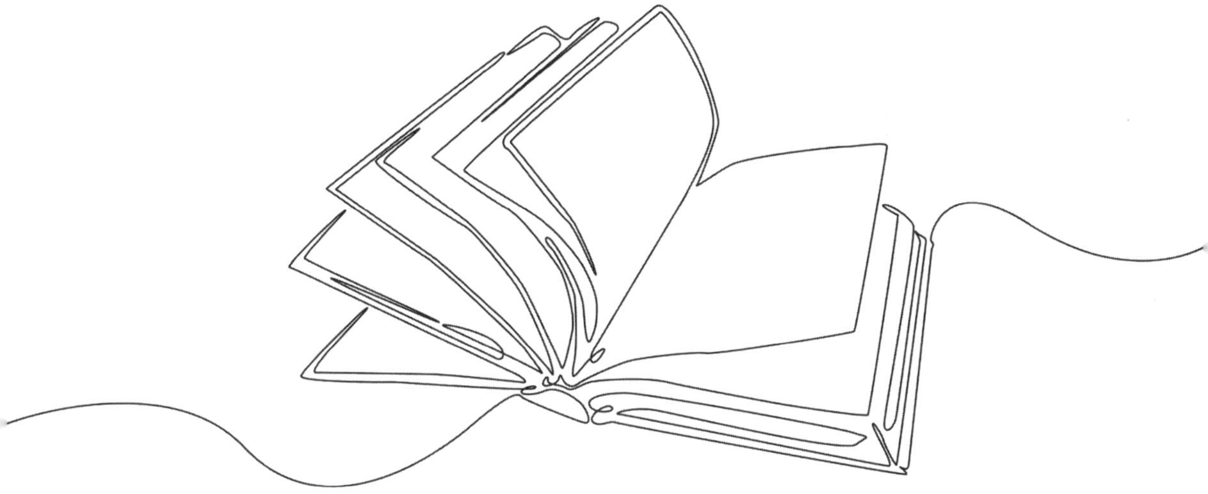

Si perdu, contacter :

Sommaire

Préface

Ce carnet est parfait si tu adores lire, si tu adores prendre des notes sur tes lectures et encore plus si tu ne sais jamais comment construire ton carnet de lecture. Ce carnet est fait pour te guider dans tes lectures et avoir un aperçu de tes lectures annuelles, mensuelles, de l'avancée de ta pile à lire (PAL) ou encore le format que tu préfères lire.

DANS CE CARNET, TU RETROUVERAS :

- Tes objectifs de lecture pour l'année
- Ton suivi de lecture
- Une *wishlist* de tes livres désirés ou des sorties à venir
- Une représentation de ta bibliothèque physique et numérique
- Un suivi de ta vitesse de lecture par livre
- Un suivi de tes lectures par mois
- Un suivi de tes sagas commencées
- Un *money tracker* par mois
- Un suivi des genres que tu lis le plus
- Un suivi de ta pile à lire
- Un suivi de tes 5, 4, 3, 2, 1 étoiles et les non finis
- Puis 3 pages pour récapituler chaque mois tes lectures
- Ainsi que 175 fiches de lecture et 2 doubles pages de tes livres prêtés
- Et pour finir 11 pages de challenges livresques

Mon système de notation

OBJECTIFS DE LECTURE
pour l'année

Hiver

Printemps

Été

Automne

OBJECTIFS DE LECTURE
pour l'année

en nombre

SUIVI DE LECTURE
sur l'anneé

- [ ] Broché
- [ ] Relié
- [ ] Poche
- [ ] Numérique
- [ ] *Audio book*

SUIVI DE LECTURE *par mois*

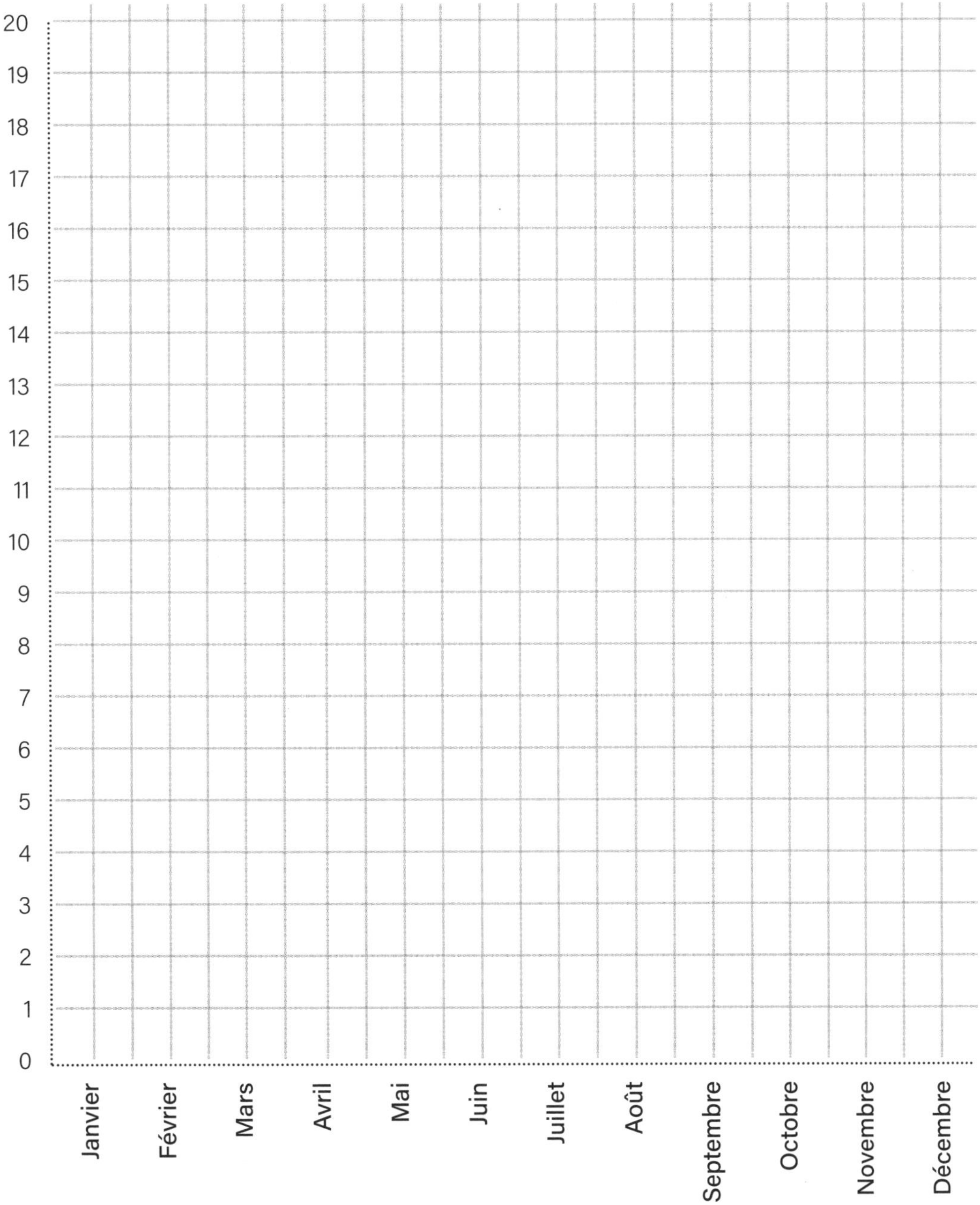

WISHLIST
sorties de l'anneé

Nom de l'auteur/e	Titre	Date

Nom de l'auteur/e	Titre	Date

BIBLIOTHÈQUE
physique

BIBLIOTHÈQUE *physique*

BIBLIOTHÈQUE *physique*

BIBLIOTHÈQUE *physique*

BIBLIOTHÈQUE *numérique*

BIBLIOTHÈQUE *numérique*

BIBLIOTHÈQUE *numérique*

BIBLIOTHÈQUE *numérique*

COMBIEN DE JOURS *pour lire un livre ?*

	Janvier	Février	Mars	Avril	Mai	Juin
1						
2						
3						
4						
5						
6						
7						
8						
9						
10						
11						
12						
13						
14						
15						
16						
17						
18						
19						
20						
21						
22						
23						
24						
25						
26						
27						
28						
29						
30						
31						

COMBIEN DE JOURS *pour lire un livre ?*

	Juillet	Août	Septembre	Octobre	Novembre	Décembre
1						
2						
3						
4						
5						
6						
7						
8						
9						
10						
11						
12						
13						
14						
15						
16						
17						
18						
19						
20						
21						
22						
23						
24						
25						
26						
27						
28						
29						
30						
31						

LECTURES *mensuelles*

Janvier

Février

Mars

LECTURES mensuelles

Avril

Mai

Juin

LECTURES *mensuelles*

Juillet

Août

Septembre

LECTURES mensuelles

Octobre

Novembre

Décembre

MES SAGAS
à compléter

MES SAGAS
à compléter

MONEY *tracker*

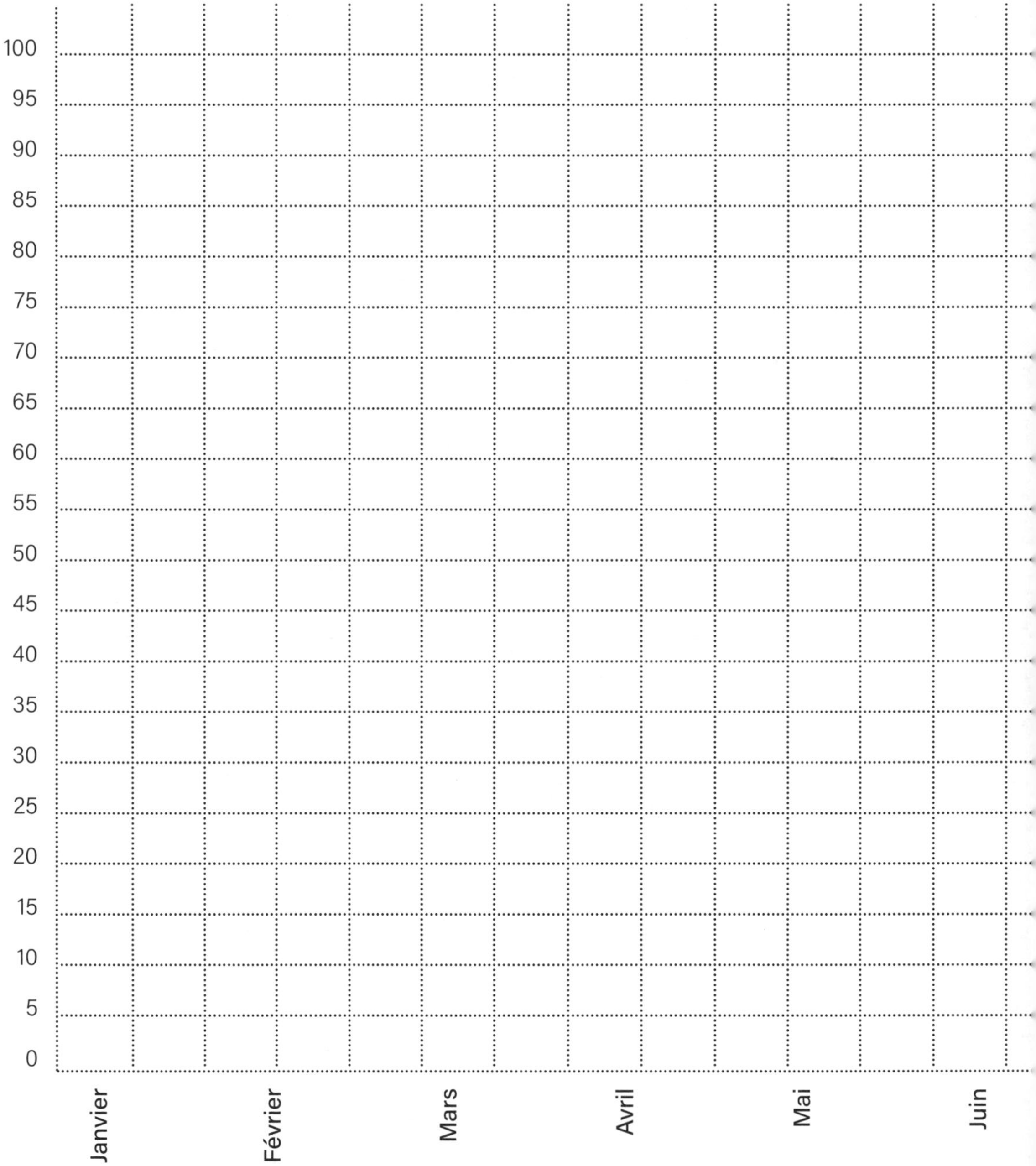

Juillet

Août

Septembre

Octobre

Novembre

Décembre

LES GENRES que j'ai lus

Les Fleurs du mal

'Alchimiste

1984

La Nuit des Temps

Les raisins de la colere

RÉDUCTION DE *ma pile à lire*

Janvier	Février	Mars
En + : En – : Total :	En + : En – : Total :	En + : En – : Total :
Avril	**Mai**	**Juin**
En + : En – : Total :	En + : En – : Total :	En + : En – : Total :
Juillet	**Août**	**Septembre**
En + : En – : Total :	En + : En – : Total :	En + : En – : Total :
Octobre	**Novembre**	**Décembre**
En + : En – : Total :	En + : En – : Total :	En + : En – : Total :

MES 5 étoiles ☆☆☆☆☆

MES 5 étoiles ☆☆☆☆☆

MES 4 étoiles ☆☆☆☆

MES 4 étoiles ☆☆☆☆

MES 3 étoiles ☆☆☆

MES 3 étoiles ☆☆☆

MES 2 étoiles ☆☆

MES 2 étoiles ☆☆

MES 1 étoile ☆

MES 1 étoile ☆

MES LIVRES *non finis*

Ce mois-ci

LES JOURS OÙ J'AI LU

Ce mois-ci

LES SORTIES LIVRESQUES

MA PILE À LIRE (LES + ET -)

OBJECTIFS DE LECTURE

LECTURES du mois

LE NOMBRE DE LIVRES LUS

LE NOMBRE DE PAGES LUES

Ce mois-ci

LES JOURS OÙ J'AI LU

Ce mois-ci

LES SORTIES LIVRESQUES

MA PILE À LIRE (LES + ET -)

OBJECTIFS DE LECTURE

LECTURES du mois

LE NOMBRE DE LIVRES LUS

LE NOMBRE DE PAGES LUES

Ce mois-ci

LES JOURS OÙ J'AI LU

Ce mois-ci

LES SORTIES LIVRESQUES

MA PILE À LIRE (LES + ET -)

OBJECTIFS DE LECTURE

- [ ]
- [ ]
- [ ]
- [ ]
- [ ]
- [ ]
- [ ]
- [ ]
- [ ]
- [ ]
- [ ]
- [ ]

LECTURES
du mois

LE NOMBRE DE LIVRES LUS

LE NOMBRE DE PAGES LUES

Ce mois-ci

LES JOURS OÙ J'AI LU

Ce mois-ci

LES SORTIES LIVRESQUES

MA PILE À LIRE (LES + ET -)

OBJECTIFS DE LECTURE

LECTURES du mois

LE NOMBRE DE LIVRES LUS

LE NOMBRE DE PAGES LUES

Ce mois-ci

LES JOURS OÙ J'AI LU

Ce mois-ci

LES SORTIES LIVRESQUES

MA PILE À LIRE (LES + ET -)

OBJECTIFS DE LECTURE

- [ ]
- [ ]
- [ ]
- [ ]
- [ ]
- [ ]
- [ ]
- [ ]
- [ ]
- [ ]
- [ ]
- [ ]

LECTURES du mois

LE NOMBRE DE LIVRES LUS

LE NOMBRE DE PAGES LUES

Ce mois-ci

LES JOURS OÙ J'AI LU

Ce mois-ci

LES SORTIES LIVRESQUES

....

....

....

....

....

....

MA PILE À LIRE (LES + ET -)

....

....

....

....

....

....

OBJECTIFS DE LECTURE

- ☐ ....
- ☐ ....
- ☐ ....
- ☐ ....
- ☐ ....
- ☐ ....
- ☐ ....
- ☐ ....
- ☐ ....
- ☐ ....
- ☐ ....
- ☐ ....

LECTURES du mois

LE NOMBRE DE LIVRES LUS

LE NOMBRE DE PAGES LUES

Ce mois-ci

LES JOURS OÙ J'AI LU

Ce mois-ci

LES SORTIES LIVRESQUES

....

....

....

....

....

....

MA PILE À LIRE (LES + ET -)

....

....

....

....

....

....

OBJECTIFS DE LECTURE

- [ ] ....
- [ ] ....
- [ ] ....
- [ ] ....
- [ ] ....
- [ ] ....
- [ ] ....
- [ ] ....
- [ ] ....
- [ ] ....
- [ ] ....
- [ ] ....

LECTURES du mois

LE NOMBRE DE LIVRES LUS

LE NOMBRE DE PAGES LUES

Ce mois-ci

....

LES JOURS OÙ J'AI LU

Ce mois-ci

LES SORTIES LIVRESQUES

MA PILE À LIRE (LES + ET -)

OBJECTIFS DE LECTURE

- [ ]
- [ ]
- [ ]
- [ ]
- [ ]
- [ ]
- [ ]
- [ ]
- [ ]
- [ ]
- [ ]
- [ ]

LECTURES du mois

LE NOMBRE DE LIVRES LUS

LE NOMBRE DE PAGES LUES

Ce mois-ci

LES JOURS OÙ J'AI LU

Ce mois-ci

LES SORTIES LIVRESQUES

MA PILE À LIRE (LES + ET -)

OBJECTIFS DE LECTURE

LECTURES du mois

LE NOMBRE DE LIVRES LUS

LE NOMBRE DE PAGES LUES

Ce mois-ci

LES JOURS OÙ J'AI LU

Ce mois-ci

LES SORTIES LIVRESQUES

MA PILE À LIRE (LES + ET -)

OBJECTIFS DE LECTURE

- [ ]
- [ ]
- [ ]
- [ ]
- [ ]
- [ ]
- [ ]
- [ ]
- [ ]
- [ ]
- [ ]
- [ ]

LECTURES du mois

LE NOMBRE DE LIVRES LUS

LE NOMBRE DE PAGES LUES

Ce mois-ci

LES JOURS OÙ J'AI LU

Ce mois-ci

LES SORTIES LIVRESQUES

MA PILE À LIRE (LES + ET -)

OBJECTIFS DE LECTURE

LECTURES du mois

LE NOMBRE DE LIVRES LUS

LE NOMBRE DE PAGES LUES

Ce mois-ci

LES JOURS OÙ J'AI LU

Ce mois-ci

LES SORTIES LIVRESQUES

....

....

....

....

....

....

MA PILE À LIRE (LES + ET -)

....

....

....

....

....

....

OBJECTIFS DE LECTURE

- [ ] ....
- [ ] ....
- [ ] ....
- [ ] ....
- [ ] ....
- [ ] ....
- [ ] ....
- [ ] ....
- [ ] ....
- [ ] ....
- [ ] ....
- [ ] ....

MES FICHES
de lecture

Titre : ....

Auteur/e : ....

Genre : .... Note : ☆☆☆☆☆

Date de publication : .... Série : Oui ☐ Non ☐

Éditeur/Format : ....

Lu du : .... au : .... Pages : ....

Chronique : ....

Citation du jour : ....

Titre : ....

Auteur/e : ....

Genre : .... Note : ☆☆☆☆☆

Date de publication : .... Série : Oui ☐ Non ☐

Éditeur/Format : ....

Lu du : .... au : .... Pages : ....

Chronique : ....

....

....

....

....

....

....

....

....

Citation du jour : ....

....

....

....

Titre :

Auteur/e :

Genre :

Note : ☆☆☆☆☆

Date de publication :

Série : Oui ☐ Non ☐

Éditeur/Format :

Lu du : au : Pages :

Chronique :

Citation du jour :

Titre :

Auteur/e :

Genre : Note :

Date de publication : Série : Oui Non

Éditeur/Format :

Lu du : au : Pages :

Chronique :

Citation du jour :

Titre :

Auteur/e :

Genre :

Note : ☆☆☆☆☆

Date de publication :

Série : Oui ☐ Non ☐

Éditeur/Format :

Lu du : au : Pages :

Chronique :

Citation du jour :

Titre :

Auteur/e :

Genre : Note : ☆☆☆☆☆

Date de publication : Série : Oui ☐ Non ☐

Éditeur/Format :

Lu du : au : Pages :

Chronique :

Citation du jour :

Titre : ....

Auteur/e : ....

Genre : .... Note : ☆☆☆☆☆

Date de publication : .... Série : Oui ☐ Non ☐

Éditeur/Format : ....

Lu du : .... au : .... Pages : ....

Chronique : ....

....

....

....

....

....

....

....

....

Citation du jour : ....

....

....

....

Titre : ....

Auteur/e : ....

Genre : .... Note : ☆☆☆☆☆

Date de publication : .... Série : Oui ☐ Non ☐

Éditeur/Format : ....

Lu du : .... au : .... Pages : ....

Chronique : ....

Citation du jour : ....

Titre : ....

Auteur/e : ....

Genre : .... Note : ☆☆☆☆☆

Date de publication : .... Série : Oui ☐ Non ☐

Éditeur/Format : ....

Lu du : .... au : .... Pages : ....

Chronique : ....

....

....

....

....

....

....

....

....

Citation du jour : ....

....

....

....

Titre :

Auteur/e :

Genre : Note : ☆☆☆☆☆

Date de publication : Série : Oui ☐ Non ☐

Éditeur/Format :

Lu du : au : Pages :

Chronique :

Citation du jour :

Titre : ....

Auteur/e : ....

Genre : .... Note : ☆☆☆☆☆

Date de publication : .... Série : Oui ☐ Non ☐

Éditeur/Format : ....

Lu du : .... au : .... Pages : ....

Chronique : ....

....

....

....

....

....

....

....

....

Citation du jour : ....

....

....

....

Titre :

Auteur/e :

Genre : Note : ☆☆☆☆☆

Date de publication : Série : Oui ☐ Non ☐

Éditeur/Format :

Lu du : au : Pages :

Chronique :

Citation du jour :

Titre :

Auteur/e :

Genre :

Note :

Date de publication :

Série : Oui

Non

Éditeur/Format :

Lu du :

au :

Pages :

Chronique :

Citation du jour :

Titre :

Auteur/e :

Genre : Note : ☆☆☆☆☆

Date de publication : Série : Oui ☐ Non ☐

Éditeur/Format :

Lu du : au : Pages :

Chronique :

Citation du jour :

Titre : ……………………………………

Auteur/e : ……………………………………

Genre : ……………………… Note : ☆☆☆☆☆

Date de publication : ……………… Série : Oui ☐ Non ☐

Éditeur/Format : ……………………………………

Lu du : ……………… au : ……………… Pages : ………

Chronique : ……………………………………

……………………………………

……………………………………

……………………………………

……………………………………

……………………………………

……………………………………

……………………………………

……………………………………

Citation du jour : ……………………

……………………

……………………

……………………

Titre :

Auteur/e :

Genre :

Note : ☆☆☆☆☆

Date de publication :

Série : Oui ☐ Non ☐

Éditeur/Format :

Lu du : au : Pages :

Chronique :

Citation du jour :

Titre : ....

Auteur/e : ....

Genre : .... Note : ☆☆☆☆☆

Date de publication : .... Série : Oui ☐ Non ☐

Éditeur/Format : ....

Lu du : .... au : .... Pages : ....

Chronique : ....

Citation du jour : ....

Titre : ....

Auteur/e : ....

Genre : .... Note : ☆☆☆☆☆

Date de publication : .... Série : Oui ☐ Non ☐

Éditeur/Format : ....

Lu du : .... au : .... Pages : ....

Chronique : ....

Citation du jour : ....

Titre : ....

Auteur/e : ....

Genre : .... Note : ☆☆☆☆☆

Date de publication : .... Série : Oui ☐ Non ☐

Éditeur/Format : ....

Lu du : .... au : .... Pages : ....

Chronique : ....

....

....

....

....

....

....

....

....

Citation du jour : ....

....

....

....

Titre : ....

Auteur/e : ....

Genre : .... Note : ☆☆☆☆☆

Date de publication : .... Série : Oui ☐ Non ☐

Éditeur/Format : ....

Lu du : .... au : .... Pages : ....

Chronique : ....

Citation du jour : ....

Titre :

Auteur/e :

Genre : Note : ☆☆☆☆☆

Date de publication : Série : Oui ☐ Non ☐

Éditeur/Format :

Lu du : au : Pages :

Chronique :

Citation du jour :

Titre : ....

Auteur/e : ....

Genre : .... Note : ☆☆☆☆☆

Date de publication : .... Série : Oui ☐ Non ☐

Éditeur/Format : ....

Lu du : .... au : .... Pages : ....

Chronique : ....

Citation du jour : ....

Titre : ....

Auteur/e : ....

Genre : .... Note : ☆☆☆☆☆

Date de publication : .... Série : Oui ☐ Non ☐

Éditeur/Format : ....

Lu du : .... au : .... Pages : ....

Chronique : ....

Citation du jour : ....

Titre : ....

Auteur/e : ....

Genre : .... Note : ☆☆☆☆☆

Date de publication : .... Série : Oui ☐ Non ☐

Éditeur/Format : ....

Lu du : .... au : .... Pages : ....

Chronique : ....

Citation du jour : ....

Titre : ……………………………………

Auteur/e : ……………………………………

Genre : …………………… Note : ☆☆☆☆☆

Date de publication : …………………… Série : Oui ☐ Non ☐

Éditeur/Format : ……………………………………

Lu du : ………………… au : ………………… Pages : …………

Chronique : ……………………………………

Citation du jour : ……………………………………

Titre : ....

Auteur/e : ....

Genre : .... Note : ☆☆☆☆☆

Date de publication : .... Série : Oui ☐ Non ☐

Éditeur/Format : ....

Lu du : .... au : .... Pages : ....

Chronique : ....

Citation du jour : ....

Titre : ....

Auteur/e : ....

Genre : .... Note : ☆☆☆☆☆

Date de publication : .... Série : Oui ☐ Non ☐

Éditeur/Format : ....

Lu du : .... au : .... Pages : ....

Chronique : ....

....

....

....

....

....

....

....

....

Citation du jour : ....

....

....

....

Titre : ....

Auteur/e : ....

Genre : .... Note : ☆☆☆☆☆

Date de publication : .... Série : Oui ☐ Non ☐

Éditeur/Format : ....

Lu du : .... au : .... Pages : ....

Chronique : ....

Citation du jour : ....

Titre : ....

Auteur/e : ....

Genre : .... Note : ☆☆☆☆☆

Date de publication : .... Série : Oui ☐ Non ☐

Éditeur/Format : ....

Lu du : .... au : .... Pages : ....

Chronique : ....

Citation du jour : ....

Titre : ....

Auteur/e : ....

Genre : .... Note : ☆☆☆☆☆

Date de publication : .... Série : Oui ☐ Non ☐

Éditeur/Format : ....

Lu du : .... au : .... Pages : ....

Chronique : ....

Citation du jour : ....

Titre : ....

Auteur/e : ....

Genre : .... Note : ☆☆☆☆☆

Date de publication : .... Série : Oui ☐ Non ☐

Éditeur/Format : ....

Lu du : .... au : .... Pages : ....

Chronique : ....

Citation du jour : ....

Titre : ....

Auteur/e : ....

Genre : .... Note : ☆☆☆☆☆

Date de publication : .... Série : Oui ☐ Non ☐

Éditeur/Format : ....

Lu du : .... au : .... Pages : ....

Chronique : ....

Citation du jour : ....

Titre : ....

Auteur/e : ....

Genre : .... Note : ☆☆☆☆☆

Date de publication : .... Série : Oui ☐ Non ☐

Éditeur/Format : ....

Lu du : .... au : .... Pages : ....

Chronique : ....

....

....

....

....

....

....

....

....

Citation du jour : ....

....

....

....

Titre :

Auteur/e :

Genre : Note : ☆☆☆☆☆

Date de publication : Série : Oui ☐ Non ☐

Éditeur/Format :

Lu du : au : Pages :

Chronique :

Citation du jour :

Titre : ....

Auteur/e : ....

Genre : .... Note : ☆☆☆☆☆

Date de publication : .... Série : Oui ☐ Non ☐

Éditeur/Format : ....

Lu du : .... au : .... Pages : ....

Chronique : ....

....

....

....

....

....

....

....

....

Citation du jour : ....

....

....

....

Titre : ....

Auteur/e : ....

Genre : .... Note : ☆☆☆☆☆

Date de publication : .... Série : Oui ☐ Non ☐

Éditeur/Format : ....

Lu du : .... au : .... Pages : ....

Chronique : ....

....

....

....

....

....

....

....

....

Citation du jour : ....

....

....

....

Titre : ....

Auteur/e : ....

Genre : .... Note : ☆☆☆☆☆

Date de publication : .... Série : Oui ☐ Non ☐

Éditeur/Format : ....

Lu du : .... au : .... Pages : ....

Chronique : ....

Citation du jour : ....

Titre :

Auteur/e :

Genre : Note : ☆☆☆☆☆

Date de publication : Série : Oui ☐ Non ☐

Éditeur/Format :

Lu du : au : Pages :

Chronique :

Citation du jour :

Titre : ....

Auteur/e : ....

Genre : .... Note : ☆☆☆☆☆

Date de publication : .... Série : Oui ☐ Non ☐

Éditeur/Format : ....

Lu du : .... au : .... Pages : ....

Chronique : ....

....

....

....

....

....

....

....

....

Citation du jour : ....

....

....

....

Titre : ....

Auteur/e : ....

Genre : .... Note : ☆☆☆☆☆

Date de publication : .... Série : Oui ☐ Non ☐

Éditeur/Format : ....

Lu du : .... au : .... Pages : ....

Chronique : ....

....

....

....

....

....

....

....

....

Citation du jour : ....

....

....

....

Titre :

Auteur/e :

Genre :

Note : ☆☆☆☆☆

Date de publication :

Série : Oui ☐ Non ☐

Éditeur/Format :

Lu du : au : Pages :

Chronique :

Citation du jour :

Titre :

Auteur/e :

Genre : Note : ☆☆☆☆☆

Date de publication : Série : Oui ☐ Non ☐

Éditeur/Format :

Lu du : au : Pages :

Chronique :

Citation du jour :

Titre : ....

Auteur/e : ....

Genre : .... Note : ☆☆☆☆☆

Date de publication : .... Série : Oui ☐ Non ☐

Éditeur/Format : ....

Lu du : .... au : .... Pages : ....

Chronique : ....

Citation du jour : ....

Titre : ....

Auteur/e : ....

Genre : .... Note : ☆☆☆☆☆

Date de publication : .... Série : Oui ☐ Non ☐

Éditeur/Format : ....

Lu du : .... au : .... Pages : ....

Chronique : ....

Citation du jour : ....

Titre :

Auteur/e :

Genre : Note : ☆☆☆☆☆

Date de publication : Série : Oui ☐ Non ☐

Éditeur/Format :

Lu du : au : Pages :

Chronique :

Citation du jour :

Titre : ....

Auteur/e : ....

Genre : .... Note : ☆☆☆☆☆

Date de publication : .... Série : Oui ☐ Non ☐

Éditeur/Format : ....

Lu du : .... au : .... Pages : ....

Chronique : ....

....

....

....

....

....

....

....

....

Citation du jour : ....

....

....

....

Titre : ....

Auteur/e : ....

Genre : .... Note : ☆☆☆☆☆

Date de publication : .... Série : Oui ☐ Non ☐

Éditeur/Format : ....

Lu du : .... au : .... Pages : ....

Chronique : ....

....

....

....

....

....

....

....

....

Citation du jour : ....

....

....

....

Titre : ....

Auteur/e : ....

Genre : .... Note : ☆☆☆☆☆

Date de publication : .... Série : Oui ☐ Non ☐

Éditeur/Format : ....

Lu du : .... au : .... Pages : ....

Chronique : ....

Citation du jour : ....

Titre :

Auteur/e :

Genre :

Note : ☆ ☆ ☆ ☆ ☆

Date de publication :

Série : Oui ☐ Non ☐

Éditeur/Format :

Lu du : au : Pages :

Chronique :

Citation du jour :

Titre : ....

Auteur/e : ....

Genre : .... Note : ☆☆☆☆☆

Date de publication : .... Série : Oui ☐ Non ☐

Éditeur/Format : ....

Lu du : .... au : .... Pages : ....

Chronique : ....

....

....

....

....

....

....

....

....

Citation du jour : ....

....

....

....

Titre : ....

Auteur/e : ....

Genre : .... Note : ☆☆☆☆☆

Date de publication : .... Série : Oui ☐ Non ☐

Éditeur/Format : ....

Lu du : .... au : .... Pages : ....

Chronique : ....

....

....

....

....

....

....

....

....

Citation du jour : ....

....

....

....

Titre : ....

Auteur/e : ....

Genre : .... Note : ☆☆☆☆☆

Date de publication : .... Série : Oui ☐ Non ☐

Éditeur/Format : ....

Lu du : .... au : .... Pages : ....

Chronique : ....

Citation du jour : ....

Titre : ....

Auteur/e : ....

Genre : .... Note : ☆☆☆☆☆

Date de publication : .... Série : Oui ☐ Non ☐

Éditeur/Format : ....

Lu du : .... au : .... Pages : ....

Chronique : ....

....

....

....

....

....

....

....

Citation du jour : ....

....

....

....

Titre : ....

Auteur/e : ....

Genre : .... Note : ☆☆☆☆☆

Date de publication : .... Série : Oui ☐ Non ☐

Éditeur/Format : ....

Lu du : .... au : .... Pages : ....

Chronique : ....

....

....

....

....

....

....

....

....

Citation du jour : ....

....

....

....

Titre :

Auteur/e :

Genre :

Note : ☆☆☆☆☆

Date de publication :

Série : Oui ☐ Non ☐

Éditeur/Format :

Lu du : au : Pages :

Chronique :

Citation du jour :

Titre : ....

Auteur/e : ....

Genre : .... Note : ☆☆☆☆☆

Date de publication : .... Série : Oui ☐ Non ☐

Éditeur/Format : ....

Lu du : .... au : .... Pages : ....

Chronique : ....

Citation du jour : ....

Titre : ....

Auteur/e : ....

Genre : .... Note : ☆☆☆☆☆

Date de publication : .... Série : Oui ☐ Non ☐

Éditeur/Format : ....

Lu du : .... au : .... Pages : ....

Chronique : ....

....

....

....

....

....

....

....

....

Citation du jour : ....

....

....

....

Titre :

Auteur/e :

Genre : Note : ☆☆☆☆☆

Date de publication : Série : Oui ☐ Non ☐

Éditeur/Format :

Lu du : au : Pages :

Chronique :

Citation du jour :

Titre : ....

Auteur/e : ....

Genre : .... Note : ☆☆☆☆☆

Date de publication : .... Série : Oui ☐ Non ☐

Éditeur/Format : ....

Lu du : .... au : .... Pages : ....

Chronique : ....

Citation du jour : ....

Titre : ....

Auteur/e : ....

Genre : .... Note : ☆☆☆☆☆

Date de publication : .... Série : Oui ☐ Non ☐

Éditeur/Format : ....

Lu du : .... au : .... Pages : ....

Chronique : ....

Citation du jour : ....

Titre :

Auteur/e :

Genre :

Note : ☆☆☆☆☆

Date de publication :

Série : Oui ☐ Non ☐

Éditeur/Format :

Lu du : au : Pages :

Chronique :

Citation du jour :

Titre : ....

Auteur/e : ....

Genre : .... Note : ☆☆☆☆☆

Date de publication : .... Série : Oui ☐ Non ☐

Éditeur/Format : ....

Lu du : .... au : .... Pages : ....

Chronique : ....

....

....

....

....

....

....

....

....

Citation du jour : ....

....

....

....

Titre : ....

Auteur/e : ....

Genre : .... Note : ☆☆☆☆☆

Date de publication : .... Série : Oui ☐ Non ☐

Éditeur/Format : ....

Lu du : .... au : .... Pages : ....

Chronique : ....

....

....

....

....

....

....

....

....

Citation du jour : ....

....

....

....

Titre : ……………………………………

Auteur/e : ……………………………………

Genre : …………………… Note : ☆☆☆☆☆

Date de publication : …………………… Série : Oui ☐ Non ☐

Éditeur/Format : ……………………………………

Lu du : ………………… au : ………………… Pages : …………

Chronique : ……………………………………

Citation du jour : ……………………………………

Titre :

Auteur/e :

Genre : Note : ☆☆☆☆☆

Date de publication : Série : Oui ☐ Non ☐

Éditeur/Format :

Lu du : au : Pages :

Chronique :

Citation du jour :

Titre : ....

Auteur/e : ....

Genre : .... Note : ☆☆☆☆☆

Date de publication : .... Série : Oui ☐ Non ☐

Éditeur/Format : ....

Lu du : .... au : .... Pages : ....

Chronique : ....

Citation du jour : ....

Titre : ....

Auteur/e : ....

Genre : .... Note : ☆☆☆☆☆

Date de publication : .... Série : Oui ☐ Non ☐

Éditeur/Format : ....

Lu du : .... au : .... Pages : ....

Chronique : ....

Citation du jour : ....

Titre :

Auteur/e :

Genre : Note : ☆☆☆☆☆

Date de publication : Série : Oui ☐ Non ☐

Éditeur/Format :

Lu du : au : Pages :

Chronique :

Citation du jour :

Titre :

Auteur/e :

Genre :

Note : ☆☆☆☆☆

Date de publication :

Série : Oui ☐ Non ☐

Éditeur/Format :

Lu du : au : Pages :

Chronique :

Citation du jour :

Titre : ....

Auteur/e : ....

Genre : .... Note : ☆☆☆☆☆

Date de publication : .... Série : Oui ☐ Non ☐

Éditeur/Format : ....

Lu du : .... au : .... Pages : ....

Chronique : ....

....

....

....

....

....

....

....

....

Citation du jour : ....

....

....

....

Titre : ....

Auteur/e : ....

Genre : .... Note : ☆☆☆☆☆

Date de publication : .... Série : Oui ☐ Non ☐

Éditeur/Format : ....

Lu du : .... au : .... Pages : ....

Chronique : ....

....

....

....

....

....

....

....

....

Citation du jour : ....

....

....

....

Titre :

Auteur/e :

Genre : Note : ☆☆☆☆☆

Date de publication : Série : Oui ☐ Non ☐

Éditeur/Format :

Lu du : au : Pages :

Chronique :

Citation du jour :

Titre : ....

Auteur/e : ....

Genre : .... Note : ☆☆☆☆☆

Date de publication : .... Série : Oui ☐ Non ☐

Éditeur/Format : ....

Lu du : .... au : .... Pages : ....

Chronique : ....

....

....

....

....

....

....

....

....

Citation du jour : ....

....

....

....

Titre : ....

Auteur/e : ....

Genre : .... Note : ☆☆☆☆☆

Date de publication : .... Série : Oui ☐ Non ☐

Éditeur/Format : ....

Lu du : .... au : .... Pages : ....

Chronique : ....

....

....

....

....

....

....

....

....

Citation du jour : ....

....

....

....

Titre : ....

Auteur/e : ....

Genre : .... Note : ☆☆☆☆☆

Date de publication : .... Série : Oui ☐ Non ☐

Éditeur/Format : ....

Lu du : .... au : .... Pages : ....

Chronique : ....

....

....

....

....

....

....

....

....

Citation du jour : ....

....

....

....

Titre : ....

Auteur/e : ....

Genre : .... Note : ☆☆☆☆☆

Date de publication : .... Série : Oui ☐ Non ☐

Éditeur/Format : ....

Lu du : .... au : .... Pages : ....

Chronique : ....

Citation du jour : ....

Titre : ....

Auteur/e : ....

Genre : .... Note : ☆☆☆☆☆

Date de publication : .... Série : Oui ☐ Non ☐

Éditeur/Format : ....

Lu du : .... au : .... Pages : ....

Chronique : ....

....

....

....

....

....

....

....

....

Citation du jour : ....

....

....

....

Titre : ....

Auteur/e : ....

Genre : .... Note : ☆☆☆☆☆

Date de publication : .... Série : Oui ☐ Non ☐

Éditeur/Format : ....

Lu du : .... au : .... Pages : ....

Chronique : ....

Citation du jour : ....

Titre :

Auteur/e :

Genre :

Note : ☆☆☆☆☆

Date de publication :

Série : Oui ☐ Non ☐

Éditeur/Format :

Lu du : au : Pages :

Chronique :

Citation du jour :

Titre :

Auteur/e :

Genre : Note :

Date de publication : Série : Oui ☐ Non ☐

Éditeur/Format :

Lu du : au : Pages :

Chronique :

Citation du jour :

Titre : ....

Auteur/e : ....

Genre : .... Note : ☆☆☆☆☆

Date de publication : .... Série : Oui ☐ Non ☐

Éditeur/Format : ....

Lu du : .... au : .... Pages : ....

Chronique : ....

....

....

....

....

....

....

....

....

Citation du jour : ....

....

....

....

Titre : ....

Auteur/e : ....

Genre : .... Note : ☆☆☆☆☆

Date de publication : .... Série : Oui ☐ Non ☐

Éditeur/Format : ....

Lu du : .... au : .... Pages : ....

Chronique : ....

....

....

....

....

....

....

....

....

Citation du jour : ....

....

....

....

Titre : ...

Auteur/e : ...

Genre : ... Note : ☆☆☆☆☆

Date de publication : ... Série : Oui ☐ Non ☐

Éditeur/Format : ...

Lu du : ... au : ... Pages : ...

Chronique : ...

Citation du jour : ...

Titre :

Auteur/e :

Genre : Note : ☆☆☆☆☆

Date de publication : Série : Oui ☐ Non ☐

Éditeur/Format :

Lu du : au : Pages :

Chronique :

Citation du jour :

Titre :

Auteur/e :

Genre :

Note :

Date de publication :

Série : Oui ☐ Non ☐

Éditeur/Format :

Lu du : au : Pages :

Chronique :

Citation du jour :

Titre : ....

Auteur/e : ....

Genre : .... Note : ☆ ☆ ☆ ☆ ☆

Date de publication : .... Série : Oui ☐ Non ☐

Éditeur/Format : ....

Lu du : .... au : .... Pages : ....

Chronique : ....

Citation du jour : ....

Titre :

Auteur/e :

Genre :

Note :

Date de publication :

Série : Oui

Non

Éditeur/Format :

Lu du :

au :

Pages :

Chronique :

Citation du jour :

Titre : ....

Auteur/e : ....

Genre : .... Note : ☆☆☆☆☆

Date de publication : .... Série : Oui ☐ Non ☐

Éditeur/Format : ....

Lu du : .... au : .... Pages : ....

Chronique : ....

Citation du jour : ....

Titre : ....

Auteur/e : ....

Genre : .... Note : ☆☆☆☆☆

Date de publication : .... Série : Oui ☐ Non ☐

Éditeur/Format : ....

Lu du : .... au : .... Pages : ....

Chronique : ....

....

....

....

....

....

....

....

....

Citation du jour : ....

....

....

....

Titre : ....

Auteur/e : ....

Genre : .... Note : ☆☆☆☆☆

Date de publication : .... Série : Oui ☐ Non ☐

Éditeur/Format : ....

Lu du : .... au : .... Pages : ....

Chronique : ....

Citation du jour : ....

Titre : ....

Auteur/e : ....

Genre : .... Note : ☆☆☆☆☆

Date de publication : .... Série : Oui ☐ Non ☐

Éditeur/Format : ....

Lu du : .... au : .... Pages : ....

Chronique : ....

Citation du jour : ....

Titre :

Auteur/e :

Genre : Note : ☆☆☆☆☆

Date de publication : Série : Oui ☐ Non ☐

Éditeur/Format :

Lu du : au : Pages :

Chronique :

Citation du jour :

Titre :

Auteur/e :

Genre :

Note :

Date de publication :

Série : Oui

Non

Éditeur/Format :

Lu du :

au :

Pages :

Chronique :

Citation du jour :

Titre : ....

Auteur/e : ....

Genre : .... Note : ☆☆☆☆☆

Date de publication : .... Série : Oui ☐ Non ☐

Éditeur/Format : ....

Lu du : .... au : .... Pages : ....

Chronique : ....

Citation du jour : ....

Titre : ....

Auteur/e : ....

Genre : .... Note : ☆☆☆☆☆

Date de publication : .... Série : Oui ☐ Non ☐

Éditeur/Format : ....

Lu du : .... au : .... Pages : ....

Chronique : ....

Citation du jour : ....

Titre : ....

Auteur/e : ....

Genre : .... Note : ☆☆☆☆☆

Date de publication : .... Série : Oui ☐ Non ☐

Éditeur/Format : ....

Lu du : .... au : .... Pages : ....

Chronique : ....

Citation du jour : ....

Titre : ....

Auteur/e : ....

Genre : .... Note : ☆☆☆☆☆

Date de publication : .... Série : Oui ☐ Non ☐

Éditeur/Format : ....

Lu du : .... au : .... Pages : ....

Chronique : ....

....

....

....

....

....

....

....

....

Citation du jour : ....

....

....

....

Titre : ....

Auteur/e : ....

Genre : .... Note : ☆☆☆☆☆

Date de publication : .... Série : Oui ☐ Non ☐

Éditeur/Format : ....

Lu du : .... au : .... Pages : ....

Chronique : ....

Citation du jour : ....

Titre : ....

Auteur/e : ....

Genre : .... Note : ☆☆☆☆☆

Date de publication : .... Série : Oui ☐ Non ☐

Éditeur/Format : ....

Lu du : .... au : .... Pages : ....

Chronique : ....

Citation du jour : ....

Titre : ....

Auteur/e : ....

Genre : .... Note : ☆☆☆☆☆

Date de publication : .... Série : Oui ☐ Non ☐

Éditeur/Format : ....

Lu du : .... au : .... Pages : ....

Chronique : ....

Citation du jour : ....

Titre : ……………………………………

Auteur/e : ……………………………………

Genre : …………………… Note : ☆☆☆☆☆

Date de publication : …………………… Série : Oui ☐ Non ☐

Éditeur/Format : ……………………………………

Lu du : ………… au : ………… Pages : …………

Chronique : ……………………………………

Citation du jour : ……………………………………

Titre :

Auteur/e :

Genre : Note : ☆☆☆☆☆

Date de publication : Série : Oui ☐ Non ☐

Éditeur/Format :

Lu du : au : Pages :

Chronique :

Citation du jour :

Titre :

Auteur/e :

Genre : Note : ☆☆☆☆☆

Date de publication : Série : Oui ☐ Non ☐

Éditeur/Format :

Lu du : au : Pages :

Chronique :

Citation du jour :

Titre : ....

Auteur/e : ....

Genre : .... Note : ☆☆☆☆☆

Date de publication : .... Série : Oui ☐ Non ☐

Éditeur/Format : ....

Lu du : .... au : .... Pages : ....

Chronique : ....

Citation du jour : ....

Titre :

Auteur/e :

Genre :

Note :

Date de publication :

Série : Oui

Non

Éditeur/Format :

Lu du :

au :

Pages :

Chronique :

Citation du jour :

Titre :

Auteur/e :

Genre : Note : ☆☆☆☆☆

Date de publication : Série : Oui ☐ Non ☐

Éditeur/Format :

Lu du : au : Pages :

Chronique :

Citation du jour :

Titre : ....

Auteur/e : ....

Genre : .... Note : ☆☆☆☆☆

Date de publication : .... Série : Oui ☐ Non ☐

Éditeur/Format : ....

Lu du : .... au : .... Pages : ....

Chronique : ....

....

....

....

....

....

....

....

....

Citation du jour : ....

....

....

....

Titre :

Auteur/e :

Genre : Note : ☆☆☆☆☆

Date de publication : Série : Oui ☐ Non ☐

Éditeur/Format :

Lu du : au : Pages :

Chronique :

Citation du jour :

Titre :

Auteur/e :

Genre : Note : ☆☆☆☆☆

Date de publication : Série : Oui ☐ Non ☐

Éditeur/Format :

Lu du : au : Pages :

Chronique :

Citation du jour :

Titre : ....

Auteur/e : ....

Genre : .... Note : ☆☆☆☆☆

Date de publication : .... Série : Oui ☐ Non ☐

Éditeur/Format : ....

Lu du : .... au : .... Pages : ....

Chronique : ....

Citation du jour : ....

Titre :

Auteur/e :

Genre :

Note :

Date de publication :

Série : Oui

Non

Éditeur/Format :

Lu du :

au :

Pages :

Chronique :

Citation du jour :

Titre : ....

Auteur/e : ....

Genre : .... Note : ☆☆☆☆☆

Date de publication : .... Série : Oui ☐ Non ☐

Éditeur/Format : ....

Lu du : .... au : .... Pages : ....

Chronique : ....

Citation du jour : ....

Titre : ....

Auteur/e : ....

Genre : .... Note : ☆ ☆ ☆ ☆ ☆

Date de publication : .... Série : Oui ☐ Non ☐

Éditeur/Format : ....

Lu du : .... au : .... Pages : ....

Chronique : ....

Citation du jour : ....

Titre : ....

Auteur/e : ....

Genre : .... Note : ☆☆☆☆☆

Date de publication : .... Série : Oui ☐ Non ☐

Éditeur/Format : ....

Lu du : .... au : .... Pages : ....

Chronique : ....

Citation du jour : ....

Titre : ....

Auteur/e : ....

Genre : .... Note : ☆☆☆☆☆

Date de publication : .... Série : Oui ☐ Non ☐

Éditeur/Format : ....

Lu du : .... au : .... Pages : ....

Chronique : ....

....

....

....

....

....

....

....

....

Citation du jour : ....

....

....

....

Titre : ....

Auteur/e : ....

Genre : .... Note : ☆☆☆☆☆

Date de publication : .... Série : Oui ☐ Non ☐

Éditeur/Format : ....

Lu du : .... au : .... Pages : ....

Chronique : ....

Citation du jour : ....

Titre : ....

Auteur/e : ....

Genre : .... Note : ☆☆☆☆☆

Date de publication : .... Série : Oui ☐ Non ☐

Éditeur/Format : ....

Lu du : .... au : .... Pages : ....

Chronique : ....

....

....

....

....

....

....

....

....

Citation du jour : ....

....

....

....

Titre : ....

Auteur/e : ....

Genre : .... Note : ☆☆☆☆☆

Date de publication : .... Série : Oui ☐ Non ☐

Éditeur/Format : ....

Lu du : .... au : .... Pages : ....

Chronique : ....

Citation du jour : ....

Titre : ....

Auteur/e : ....

Genre : .... Note : ☆☆☆☆☆

Date de publication : .... Série : Oui ☐ Non ☐

Éditeur/Format : ....

Lu du : .... au : .... Pages : ....

Chronique : ....

....

....

....

....

....

....

....

....

Citation du jour : ....

....

....

....

Titre :

Auteur/e :

Genre : Note : ☆☆☆☆☆

Date de publication : Série : Oui ☐ Non ☐

Éditeur/Format :

Lu du : au : Pages :

Chronique :

Citation du jour :

Titre : ....

Auteur/e : ....

Genre : .... Note : ☆☆☆☆☆

Date de publication : .... Série : Oui ☐ Non ☐

Éditeur/Format : ....

Lu du : .... au : .... Pages : ....

Chronique : ....

Citation du jour : ....

Titre : ....

Auteur/e : ....

Genre : .... Note : ☆☆☆☆☆

Date de publication : .... Série : Oui ☐ Non ☐

Éditeur/Format : ....

Lu du : .... au : .... Pages : ....

Chronique : ....

....

....

....

....

....

....

....

....

Citation du jour : ....

....

....

....

Titre : ....

Auteur/e : ....

Genre : .... Note : ☆ ☆ ☆ ☆ ☆

Date de publication : .... Série : Oui ☐ Non ☐

Éditeur/Format : ....

Lu du : .... au : .... Pages : ....

Chronique : ....

....

....

....

....

....

....

....

....

Citation du jour : ....

....

....

....

Titre : ....

Auteur/e : ....

Genre : .... Note : ☆☆☆☆☆

Date de publication : .... Série : Oui ☐ Non ☐

Éditeur/Format : ....

Lu du : .... au : .... Pages : ....

Chronique : ....

....

....

....

....

....

....

....

....

Citation du jour : ....

....

....

....

Titre : ....

Auteur/e : ....

Genre : .... Note : ☆☆☆☆☆

Date de publication : .... Série : Oui ☐ Non ☐

Éditeur/Format : ....

Lu du : .... au : .... Pages : ....

Chronique : ....

....

....

....

....

....

....

....

....

Citation du jour : ....

....

....

....

Titre : ....

Auteur/e : ....

Genre : .... Note : ☆☆☆☆☆

Date de publication : .... Série : Oui ☐ Non ☐

Éditeur/Format : ....

Lu du : .... au : .... Pages : ....

Chronique : ....

Citation du jour : ....

Titre : ....

Auteur/e : ....

Genre : .... Note : ☆☆☆☆☆

Date de publication : .... Série : Oui ☐ Non ☐

Éditeur/Format : ....

Lu du : .... au : .... Pages : ....

Chronique : ....

....

....

....

....

....

....

....

....

Citation du jour : ....

....

....

....

Titre : ....

Auteur/e : ....

Genre : .... Note : ☆☆☆☆☆

Date de publication : .... Série : Oui ☐ Non ☐

Éditeur/Format : ....

Lu du : .... au : .... Pages : ....

Chronique : ....

Citation du jour : ....

Titre : ....

Auteur/e : ....

Genre : .... Note : ☆☆☆☆☆

Date de publication : .... Série : Oui ☐ Non ☐

Éditeur/Format : ....

Lu du : .... au : .... Pages : ....

Chronique : ....

....

....

....

....

....

....

....

....

Citation du jour : ....

....

....

....

Titre : ....

Auteur/e : ....

Genre : .... Note : ☆☆☆☆☆

Date de publication : .... Série : Oui ☐ Non ☐

Éditeur/Format : ....

Lu du : .... au : .... Pages : ....

Chronique : ....

Citation du jour : ....

Titre : ....

Auteur/e : ....

Genre : .... Note : ☆☆☆☆☆

Date de publication : .... Série : Oui ☐ Non ☐

Éditeur/Format : ....

Lu du : .... au : .... Pages : ....

Chronique : ....

Citation du jour : ....

Titre : ....

Auteur/e : ....

Genre : .... Note : ☆☆☆☆☆

Date de publication : .... Série : Oui ☐ Non ☐

Éditeur/Format : ....

Lu du : .... au : .... Pages : ....

Chronique : ....

....

....

....

....

....

....

....

....

Citation du jour : ....

....

....

....

Titre :

Auteur/e :

Genre :

Note : ☆☆☆☆☆

Date de publication :

Série : Oui ☐ Non ☐

Éditeur/Format :

Lu du : au : Pages :

Chronique :

Citation du jour :

Titre : ....

Auteur/e : ....

Genre : .... Note : ☆☆☆☆☆

Date de publication : .... Série : Oui ☐ Non ☐

Éditeur/Format : ....

Lu du : .... au : .... Pages : ....

Chronique : ....

Citation du jour : ....

Titre : ……………………………………………

Auteur/e : ……………………………………………

Genre : ………………………… Note : ☆☆☆☆☆

Date de publication : ………………… Série : Oui ☐ Non ☐

Éditeur/Format : ……………………………………………

Lu du : ……………… au : ……………… Pages : …………

Chronique : ……………………………………………

……………………………………………

……………………………………………

……………………………………………

……………………………………………

……………………………………………

……………………………………………

……………………………………………

……………………………………………

Citation du jour : ……………………………………………

……………………………………………

……………………………………………

……………………………………………

Titre :

Auteur/e :

Genre :

Note : ☆☆☆☆☆

Date de publication :

Série : Oui ☐ Non ☐

Éditeur/Format :

Lu du : au : Pages :

Chronique :

Citation du jour :

Titre : ....

Auteur/e : ....

Genre : .... Note : ☆☆☆☆☆

Date de publication : .... Série : Oui ☐ Non ☐

Éditeur/Format : ....

Lu du : .... au : .... Pages : ....

Chronique : ....

....

....

....

....

....

....

....

....

Citation du jour : ....

....

....

....

Titre : ....

Auteur/e : ....

Genre : .... Note : ☆☆☆☆☆

Date de publication : .... Série : Oui ☐ Non ☐

Éditeur/Format : ....

Lu du : .... au : .... Pages : ....

Chronique : ....

Citation du jour : ....

Titre :

Auteur/e :

Genre :

Note :

Date de publication :

Série : Oui

Non

Éditeur/Format :

Lu du :

au :

Pages :

Chronique :

Citation du jour :

Titre : ....

Auteur/e : ....

Genre : .... Note : ☆☆☆☆☆

Date de publication : .... Série : Oui ☐ Non ☐

Éditeur/Format : ....

Lu du : .... au : .... Pages : ....

Chronique : ....

....

....

....

....

....

....

....

....

Citation du jour : ....

....

....

....

Titre : ....

Auteur/e : ....

Genre : .... Note : ☆☆☆☆☆

Date de publication : .... Série : Oui ☐ Non ☐

Éditeur/Format : ....

Lu du : .... au : .... Pages : ....

Chronique : ....

....

....

....

....

....

....

....

....

Citation du jour : ....

....

....

....

Titre : ....

Auteur/e : ....

Genre : .... Note : ☆☆☆☆☆

Date de publication : .... Série : Oui ☐ Non ☐

Éditeur/Format : ....

Lu du : .... au : .... Pages : ....

Chronique : ....

Citation du jour : ....

Titre : ....

Auteur/e : ....

Genre : .... Note : ☆☆☆☆☆

Date de publication : .... Série : Oui ☐ Non ☐

Éditeur/Format : ....

Lu du : .... au : .... Pages : ....

Chronique : ....

....

....

....

....

....

....

....

....

Citation du jour : ....

....

....

....

Titre : ....

Auteur/e : ....

Genre : .... Note : ☆☆☆☆☆

Date de publication : .... Série : Oui ☐ Non ☐

Éditeur/Format : ....

Lu du : .... au : .... Pages : ....

Chronique : ....

Citation du jour : ....

Titre : ....

Auteur/e : ....

Genre : .... Note : ☆☆☆☆☆

Date de publication : .... Série : Oui ☐ Non ☐

Éditeur/Format : ....

Lu du : .... au : .... Pages : ....

Chronique : ....

....

....

....

....

....

....

....

....

Citation du jour : ....

....

....

....

Titre : ....

Auteur/e : ....

Genre : .... Note : ☆☆☆☆☆

Date de publication : .... Série : Oui ☐ Non ☐

Éditeur/Format : ....

Lu du : .... au : .... Pages : ....

Chronique : ....

Citation du jour : ....

Titre : ....

Auteur/e : ....

Genre : .... Note : ☆☆☆☆☆

Date de publication : .... Série : Oui ☐ Non ☐

Éditeur/Format : ....

Lu du : .... au : .... Pages : ....

Chronique : ....

....

....

....

....

....

....

....

....

Citation du jour : ....

....

....

....

Titre : ....

Auteur/e : ....

Genre : .... Note : ☆☆☆☆☆

Date de publication : .... Série : Oui ☐ Non ☐

Éditeur/Format : ....

Lu du : .... au : .... Pages : ....

Chronique : ....

....

....

....

....

....

....

....

....

Citation du jour : ....

....

....

....

Titre : ....

Auteur/e : ....

Genre : .... Note : ☆☆☆☆☆

Date de publication : .... Série : Oui ☐ Non ☐

Éditeur/Format : ....

Lu du : .... au : .... Pages : ....

Chronique : ....

....

....

....

....

....

....

....

....

Citation du jour : ....

....

....

....

Titre : ....

Auteur/e : ....

Genre : .... Note : ☆☆☆☆☆

Date de publication : .... Série : Oui ☐ Non ☐

Éditeur/Format : ....

Lu du : .... au : .... Pages : ....

Chronique : ....

Citation du jour : ....

Titre :

Auteur/e :

Genre :

Note : ☆☆☆☆☆

Date de publication :

Série : Oui ☐ Non ☐

Éditeur/Format :

Lu du : au : Pages :

Chronique :

Citation du jour :

Titre : ....

Auteur/e : ....

Genre : .... Note : ☆☆☆☆☆

Date de publication : .... Série : Oui ☐ Non ☐

Éditeur/Format : ....

Lu du : .... au : .... Pages : ....

Chronique : ....

Citation du jour : ....

Titre : ....

Auteur/e : ....

Genre : .... Note : ☆☆☆☆☆

Date de publication : .... Série : Oui ☐ Non ☐

Éditeur/Format : ....

Lu du : .... au : .... Pages : ....

Chronique : ....

....

....

....

....

....

....

....

....

Citation du jour : ....

....

....

....

Titre : ....

Auteur/e : ....

Genre : .... Note : ☆☆☆☆☆

Date de publication : .... Série : Oui ☐ Non ☐

Éditeur/Format : ....

Lu du : .... au : .... Pages : ....

Chronique : ....

....

....

....

....

....

....

....

....

Citation du jour : ....

....

....

....

Titre : ....

Auteur/e : ....

Genre : .... Note :

Date de publication : .... Série : Oui ☐ Non ☐

Éditeur/Format : ....

Lu du : .... au : .... Pages : ....

Chronique : ....

....

....

....

....

....

....

....

....

Citation du jour : ....

....

....

....

Titre :

Auteur/e :

Genre : Note : ☆☆☆☆☆

Date de publication : Série : Oui ☐ Non ☐

Éditeur/Format :

Lu du : au : Pages :

Chronique :

Citation du jour :

Titre : ....

Auteur/e : ....

Genre : .... Note : ☆☆☆☆☆

Date de publication : .... Série : Oui ☐ Non ☐

Éditeur/Format : ....

Lu du : .... au : .... Pages : ....

Chronique : ....

Citation du jour : ....

Titre : ....

Auteur/e : ....

Genre : .... Note : ☆☆☆☆☆

Date de publication : .... Série : Oui ☐ Non ☐

Éditeur/Format : ....

Lu du : .... au : .... Pages : ....

Chronique : ....

....

....

....

....

....

....

....

....

Citation du jour : ....

....

....

....

Titre : ....

Auteur/e : ....

Genre : .... Note : ☆☆☆☆☆

Date de publication : .... Série : Oui ☐ Non ☐

Éditeur/Format : ....

Lu du : .... au : .... Pages : ....

Chronique : ....

....

....

....

....

....

....

....

....

Citation du jour : ....

....

....

....

Titre :

Auteur/e :

Genre : Note : ☆☆☆☆☆

Date de publication : Série : Oui ☐ Non ☐

Éditeur/Format :

Lu du : au : Pages :

Chronique :

Citation du jour :

Titre :

Auteur/e :

Genre :

Note :

Date de publication :

Série : Oui

Non

Éditeur/Format :

Lu du :

au :

Pages :

Chronique :

Citation du jour :

Titre : ....

Auteur/e : ....

Genre : .... Note : ☆☆☆☆☆

Date de publication : .... Série : Oui ☐ Non ☐

Éditeur/Format : ....

Lu du : .... au : .... Pages : ....

Chronique : ....

Citation du jour : ....

Titre : ....

Auteur/e : ....

Genre : .... Note : ☆☆☆☆☆

Date de publication : .... Série : Oui ☐ Non ☐

Éditeur/Format : ....

Lu du : .... au : .... Pages : ....

Chronique : ....

....

....

....

....

....

....

....

....

Citation du jour : ....

....

....

....

Titre : ....

Auteur/e : ....

Genre : .... Note : ☆☆☆☆☆

Date de publication : .... Série : Oui ☐ Non ☐

Éditeur/Format : ....

Lu du : .... au : .... Pages : ....

Chronique : ....

Citation du jour : ....

Titre :

Auteur/e :

Genre : Note :

Date de publication : Série : Oui Non

Éditeur/Format :

Lu du : au : Pages :

Chronique :

Citation du jour :

Titre :

Auteur/e :

Genre : Note : ☆☆☆☆☆

Date de publication : Série : Oui ☐ Non ☐

Éditeur/Format :

Lu du : au : Pages :

Chronique :

Citation du jour :

Titre :

Auteur/e :

Genre : Note : ☆☆☆☆☆

Date de publication : Série : Oui ☐ Non ☐

Éditeur/Format :

Lu du : au : Pages :

Chronique :

Citation du jour :

Titre :

Auteur/e :

Genre : Note :

Date de publication : Série : Oui ☐ Non ☐

Éditeur/Format :

Lu du : au : Pages :

Chronique :

Citation du jour :

Titre : ....

Auteur/e : ....

Genre : .... Note : ☆ ☆ ☆ ☆ ☆

Date de publication : .... Série : Oui ☐ Non ☐

Éditeur/Format : ....

Lu du : .... au : .... Pages : ....

Chronique : ....

....

....

....

....

....

....

....

....

Citation du jour : ....

....

....

....

Titre : ....

Auteur/e : ....

Genre : .... Note : ☆☆☆☆☆

Date de publication : .... Série : Oui ☐ Non ☐

Éditeur/Format : ....

Lu du : .... au : .... Pages : ....

Chronique : ....

....

....

....

....

....

....

....

....

Citation du jour : ....

....

....

....

Titre : ....

Auteur/e : ....

Genre : .... Note : ☆☆☆☆☆

Date de publication : .... Série : Oui ☐ Non ☐

Éditeur/Format : ....

Lu du : .... au : .... Pages : ....

Chronique : ....

....

....

....

....

....

....

....

....

Citation du jour : ....

....

....

....

Titre :

Auteur/e :

Genre : Note : ☆☆☆☆☆

Date de publication : Série : Oui ☐ Non ☐

Éditeur/Format :

Lu du : au : Pages :

Chronique :

Citation du jour :

Titre : ....

Auteur/e : ....

Genre : .... Note : ☆☆☆☆☆

Date de publication : .... Série : Oui ☐ Non ☐

Éditeur/Format : ....

Lu du : .... au : .... Pages : ....

Chronique : ....

....

....

....

....

....

....

....

....

Citation du jour : ....

....

....

....

Titre : ....

Auteur/e : ....

Genre : .... Note : ☆☆☆☆☆

Date de publication : .... Série : Oui ☐ Non ☐

Éditeur/Format : ....

Lu du : .... au : .... Pages : ....

Chronique : ....

Citation du jour : ....

Titre : ....

Auteur/e : ....

Genre : .... Note : ☆☆☆☆☆

Date de publication : .... Série : Oui ☐ Non ☐

Éditeur/Format : ....

Lu du : .... au : .... Pages : ....

Chronique : ....

Citation du jour : ....

Titre : ....

Auteur/e : ....

Genre : .... Note : ☆☆☆☆☆

Date de publication : .... Série : Oui ☐ Non ☐

Éditeur/Format : ....

Lu du : .... au : .... Pages : ....

Chronique : ....

Citation du jour : ....

Titre : ....

Auteur/e : ....

Genre : .... Note : ☆☆☆☆☆

Date de publication : .... Série : Oui ☐ Non ☐

Éditeur/Format : ....

Lu du : .... au : .... Pages : ....

Chronique : ....

....

....

....

....

....

....

....

....

Citation du jour : ....

....

....

....

Titre : ....

Auteur/e : ....

Genre : .... Note : ☆☆☆☆☆

Date de publication : .... Série : Oui ☐ Non ☐

Éditeur/Format : ....

Lu du : .... au : .... Pages : ....

Chronique : ....

Citation du jour : ....

Titre : ....

Auteur/e : ....

Genre : .... Note : ☆☆☆☆☆

Date de publication : .... Série : Oui ☐ Non ☐

Éditeur/Format : ....

Lu du : .... au : .... Pages : ....

Chronique : ....

Citation du jour : ....

Titre : ....

Auteur/e : ....

Genre : .... Note : ☆☆☆☆☆

Date de publication : .... Série : Oui ☐ Non ☐

Éditeur/Format : ....

Lu du : .... au : .... Pages : ....

Chronique : ....

Citation du jour : ....

Titre : ....

Auteur/e : ....

Genre : .... Note : ☆☆☆☆☆

Date de publication : .... Série : Oui ☐ Non ☐

Éditeur/Format : ....

Lu du : .... au : .... Pages : ....

Chronique : ....

Citation du jour : ....

MES LIVRES *prêtés*

Titre/auteur·e	Prêté à	Le	Rendu le

Titre/auteur·e	Prêté à	Le	Rendu le

Titre/auteur·e	Prêté à	Le	Rendu le

MES *challenges*

Abécédaire

A ....

B ....

C ....

D ....

E ....

F ....

G ....

H ....

I ....

J ....

K ....

L ....

M ....

N ....

O ....

P ....

Q ....

R ....

S ....

T ....

U ....

V ....

W ....

X ....

Y ....

Z ....

Le livre qui...

- Te fait pleurer à chaque fois : ....
- Te brise le cœur : ....
- Le premier que tu aies lu : ....
- Celui que tu regrettes d'avoir acheté : ....
- Dont tu ne te lasses jamais : ....
- Avec la meilleure romance : ....
- Tu ne cesses de recommander : ....
- T'a fait aimer la lecture : ....
- Celui où la/le protagoniste te ressemble : ....
- Avec le meilleur univers : ....
- Ton plus gros coup de cœur : ....
- Qui te fait rire : ....
- Avec le meilleur duo : ....
- Avec la meilleure intrigue : ....

BINGO CHALLENGE
lire...

Un recueil de nouvelles	Un/e nouvel/le auteur/e	Finir une saga	Pleurer pendant la lecture
Un classique	Un livre en un jour	Un livre en auto-édition	Un service presse
Le plus ancien de ma PAL	D'un/e auteur/e à ses débuts	Lire 5 genres différents	De plus de 500 pages
Dans une autre langue	Qui a plus de 100 ans	Annoter son livre	Avec une couverture d'une couleur unie
Emprunter un livre	Écrit par une femme	Un livre publié cette année	Écrit par deux auteur(e)s

BINGO CHALLENGE
lire...

MA PLAYLIST de lecture

MA PLAYLIST de lecture

MES *dédicaces*

MES *dédicaces*

LIVRE *de l'année*

LIVRE de l'année

COUPS DE CŒUR
de l'année

MON TOP 3

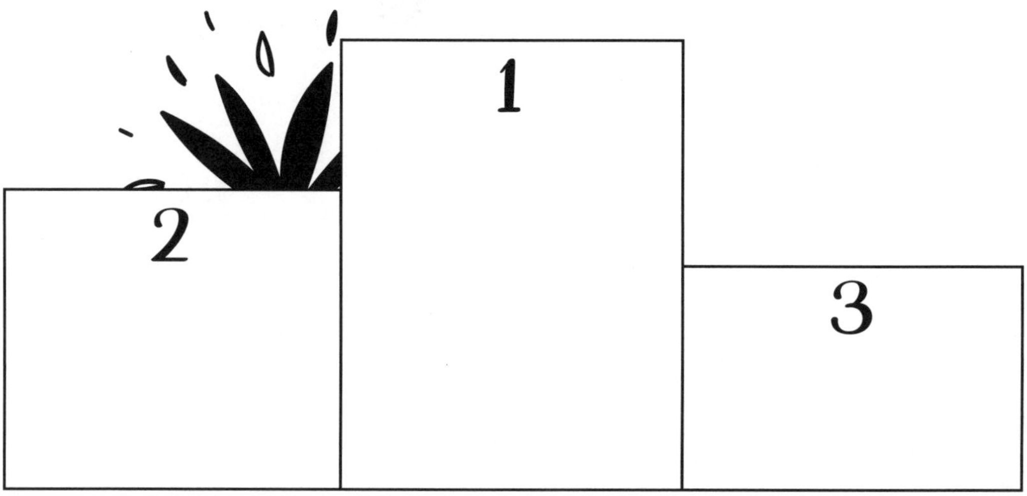

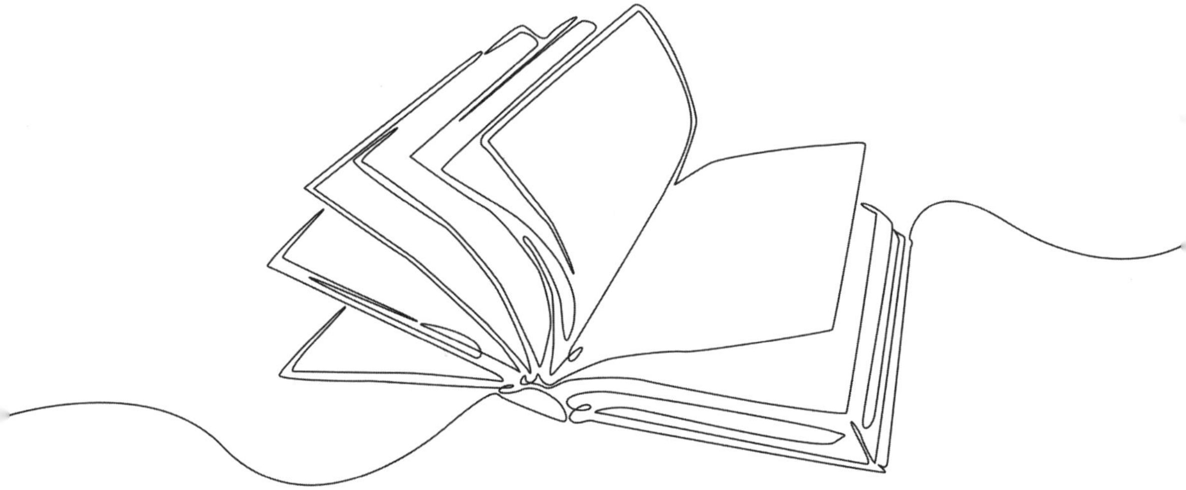

2, rue Chantal-Mauduy
91280 Saint-Pierre-du-Perray
Illustrations : Shutterstock
Graphisme : Caroline Vidon-Geni
Sur une idée originale d'Océane Jarrier-Martin
Dépôt légal : 04/25